PROFUNDO

El escondite perfecto

Jorge Antonio Leal

Dedicatoria

Este racimo de letras ha nacido en diversas vides, ha sido envejecido por el tiempo y la experiencia, fruto de vendimias apasionadas.

Agradezco a los que han germinado la vid y cuidado de ella, quienes han cosechado sus frutos sin dejarlos pudrirse en el olvido, quienes han participado en producir con ellos una historia por contar, consciente y en su máxima inocencia.

En especial agradezco, porque han estado en todo el proceso, a quienes me han acompañado en el logro de esta variedad, de un sabor aterciopelado, carnoso y redondo, un aroma franco y punzante, y un desenlace de unión, amor y reconocimiento mutuo.

Familia y Amigos, por que son el apellido de todas mis variedades.

Prólogo
Realidad, una simple sonrisa...

Comenzar a escribir, solo tiene sentido si el alma lo precisa.

Un día cualquiera, quizás hoy, tenga la dicha de conocerme, de que un instante cualquiera me presente toda la vida. Me la devele ante los ojos del alma, que siempre ganan visión, y vea qué hay detrás de cada pequeña fracción de vida, que se deja disfrutar, con el ser en movimiento.

Aprendí que el silencio muchas veces completa mejor los momentos que algunas palabras, que un alma libre, comprometida, vulnerable y amorosa, son la combinación perfecta para lograr momentos de felicidad. La felicidad, como todo en este siglo de diversificación extrema, también puede clasificarse, y a mí me gustan los momentos de felicidad sanos, duraderos y contagiosos.

Y alguien me preguntó, ¿¡Cómo lograr esa paz hoy en día!?, ¿¡Cómo sentir que todo está lleno de amor¡?; todos los días muere gente inocente, una familia se destroza, una madre sufre, un pueblo es condenado al hambre por pocos que deciden el futuro de muchos, después de elegir la cena del día y el compañero de póker, donde la guerra es una realidad y no un libro de historia, donde las historias de las pestes nos vuelven a enfermar, las mentiras cada vez son más elaboradas, y en la historia quedan el respeto por los demás, los valores, el hogar. Donde es difícil encontrar el empleador honesto y el trabajador correcto, que se "ponga la camiseta"; la respuesta fue, una simple sonrisa...

Puedo superar esta realidad cuando la acepto, me miro hacia adentro, trasciendo la impotencia y actúo según mis convicciones, ser feliz con mi acción, eso se contagia.

Hoy veo gente hermosa, transformando el mundo, despertando los sueños de otros, para ser vividos por sus protagonistas. Hoy es el momento más importante de la historia, vos y yo somos protagonistas.

Un momento que nos plantea ciertos lineamientos, ciertos parámetros, que no deben condicionarnos. Somos presos de nuestras cárceles, creamos las celdas que luego nos tienen como locatarios por el resto de nuestras vidas, dejamos de disfrutar; creamos la velocidad, el cambio, la vorágine, y dejamos de disfrutar. Creamos el "trabajar, estudiar, progresar, todo otra vez y algo más", solo para que tres cuartas partes de la población se sienta menos, y el restante cuarto piense que puede quedar fuera de algo que ella misma creó. Creamos el "tengo que", el "debo" el "pero" y el "tratar".

Mucho por hacer y mejorar, hacer implica poner el alma en movimiento, sacarla del letargo que la inunda de sequías, y la convierte en un elemento del cuerpo, algo que aparece cuando los seres queridos nos dejan, cuando una sala de gente vestida de verde se vuelve próxima, o las velas sobre la torta ya parecen demasiadas.

Sincerarme conmigo, perdonar, perdonarme, abrazarnos, compartir mi vida, darme una razón para dormir apurados luego de agradecer esta oportunidad. Somos un puñado de hormigas construyendo un lugar donde habitar, teniendo pánico a todo aquello que ellas temen... y siempre están construyendo.

Maravillarme de pequeñas cosas, sentirme bien por hechos aislados sin sentido aparente, disfrutar de las miradas de otros, de los sentimientos a flor de piel, de los muchos regalos de la naturaleza, confieso, me reconforta y me hace pensar lo saludable que resulta trabajar en cosas que nos mejoran como personas.

Es triste ver gente que no quiere a la gente. Es difícil ver hombres, haciendo sufrir a otros hombres. Es desgarrador sentir el desprecio por el otro. Realza la impotencia, la negación de los actos irresponsables. Lo difícil es seguir; abrazar la caída, es la balanza de la justicia que nos pesa en la conciencia.

El tiempo ha dejado marcada la historia, con sangre, con honor, con humildad, con hambre, con guerreros de paz y otros de poder, con ambiciosos, con bondadosos, con Hombres.

La esencia del ser humano trasciende nuestras pretensiones, la razón y el corazón no tienen un camino marcado, la realidad es razonada y sentida de formas diferentes, obrada por consecuencia de diversas maneras. Puedo calificarla, puedo crear parámetros para juzgarla, puedo querer influir, limitarla, tranquilizarme tratando de controlarla, pero el tiempo me trasciende.

Me he vuelto él primer desafiante en mi comodidad, para comprender la realidad, que me provoca y se atreve a desafiar mi voluntad.

"La realidad nunca se detiene, nunca existió
y existe de miles de maneras,
algunos la disfrutan, otros la sufren,
y ella no hace nada para cambiarse,
la realidad, tiene tantas caras,
tantas formas de mirarnos y tan amplias,
que solo una mirada, solo una sonrisa,
basta para toda la vida".

Índice

Profundo

Corro a buscarte desesperado,
corro a buscarte y te escapas,
te escondes bien pequeño yo,
para encontrarte en cada lugar.

Te encuentro triste en un rincón,
feliz sonriente bajo algún sol,
sediento de besos porque sí,
cargando la culpa de tu otro vos.

Intenso de abrazos sin entrega,
desafiante e intrépido locuaz,
una bola de llanto que se funde,
con un sentimiento frío incapaz.

Perezoso cuando es en llano,
valiente pibe de barro y cuero,
pequeño filántropo indefenso ,
acero, para el horno del tiempo.

Mí parte blanda que hace la fuerza,
la convicción sin ninguna frontera,
el que yo fui se aparece de pronto,
ya no se esconde en una quimera.

Nace cada vez que lo encuentro,
de mí pecho los sueños comiendo,
valiente que desafiaste mi historia,
para amoroso, permanecer sonriendo.

Un segundo, toda la vida

La noche se vuelve oscura,

emborracha de luz

todo cuanto cae en mi interior,

comenzando a brillar

cada pensamiento destiñe las sombras,

diluye en placer la locura de existir.

Me encuentro entre asombros

en un ir y venir de sensaciones,

en una marea de conclusiones parciales,

comprendiendo cosas que no entiendo

viviendo a diario, toda la vida.

Los pasos son presurosos,

cautos, precisos, acertados,

ricos en experiencia,

dependiendo de la fragilidad de cada alma

al minuto siguiente

otro matiz la espera,

otro aprendizaje golpea la puerta;

ilimitada resulta la experiencia

apasionante el darle fundamento.

El universo fluye

para agradar a los ojos de Dios,

el viento, el agua, la sequía, y la calma,

el verde, el marrón y el arco iris.

Cada momento resulta distinto

maravilloso e infinito en sí mismo,

como el río

nunca es dos veces el mismo,

nosotros somos distintos

un latido después.

Soy feliz, desafío cada momento,

todo aquello que resulta definido

todas las limitaciones de nuestra mente.

La humildad me deja aprender,

el Amor compartirlo.

Cada día siento un cambio en mí,

la arcilla se transforma,

la mano del alfarero me llena de placer,

acaricia mi corazón, sana las heridas,

y convierte en bendición el existir.

El libro más grande, la explicación más precisa,

el maestro más avezado,

dejan paso a la vida para aprender

lo que un segundo significa,

la eternidad de ese momento

donde absolutamente todo converge,

se cubre de armonía y perfección.

La vida resulta, verdaderamente un regalo

para disfrutar.

Atado al alma

El señor como sabiendo
dijo con voz segura,
por debajo de sus bigotes
que blancos grisáceos lucía,

"Aquí todo concluyó
no esperes otra cosa,
pues lo divino
devino en finito".

Me desperté azorado
espantado de mi yo soñante,
donde los lagos desaparecen
donde el valle comienza de nuevo,
quizás el fin solo termina en principio,
quizás fue solo un sueño.

Vivimos nuestras vidas
las ajenas tantas veces,
nunca se enreda
la araña cuando teje,
y nos dejamos comer
por la mosca más sonsa.

Esperando que florezca
el pimpollo de cada día,
tal vez la tormenta
nos deje ciegos de flor.

El escenario amaneció
más vidrioso con el alba,
¿habrá llovido de noche?
¿o el final nunca llegó?.

Se produce la calma
antes de la tormenta,
se produce la calma
también después.

El agua será problema,

si no sabemos nadar,

el viento sopla tan fuerte,

las ideas quedarán.

Buscando el destino

me hundí en el mar de la duda,

que atormenta al más fuerte,

cualquier idea derrumba.

Busco desesperado

las señales del cielo,

busco en cada nube

forma a mi historia,

sigo tantas pistas

que no tienen salida,

arde tanto mi pecho

que muchas veces lastima.

Sin embargo el Alma manda,

atado a ella viviré.

Al día siguiente

Todo terminó dijo seguro,
sonó a comienzo.

Soy un pedazo de vida
movida por el alba
detenida por la luna,
sin objetivos que enciendan
el motor del progreso,
vacío como una pecera rota,
como el alma de judas
luego de la entrega,
solo sin confidente
la duda mi compañera,
destructora e infeliz,
llega al final de su estadía
todo termino, con seguridad.

Se termina con el día,

la bolsa de piedras,

la lana que enreda,

el rojo o el negro,

el dique con agua

que inunda si explota,

la ley del destino,

la señal que nos guía,

la línea delgada

que nunca se ensancha,

también la adrenalina.

Mueren los sueños,

los imposibles con secuelas,

los que no se animan,

quienes todavía lo intentan.

El tesoro se esconde

para quienes le buscan,

permanece con aquellos

que no lo anhelan,

pues es solo una pista

en el camino del peregrino,

solo vos, tu brújula y guía.

Visión parcial

Primera parte

Sin crispar al destino, que marca su huella en una cirugía que duró más de lo previsto, mientras el imprevisto y la dificultad se asimilaron como un shot de tequila al comienzo, y luego se acostumbra el organismo hasta quitarle el sabor, el dejo del trabajo se mezcló entre satisfacción y cansancio revitalizador.

Parecía que vaticinar frases fuese lo menos apropiado para este día, que de tanto llover, olvidó mostrarnos el astro diurno que fermenta las ideas.

Y a pesar de todo, nacen, una tras otra, unidas en aparente desunión, ideas reveladoras envueltas en profundos sentimientos que tiñen absolutamente todo.

Es así, que asumo tras breves párrafos, que sería hoy sobre un bus del fin del día que comenzaría todo o bien, continuaría parte.

No siento el frío y la escarcha ya es parte del paisaje, ¿podrá ser esto efectos secundarios de un problema anterior, o simplemente la apropiación de un estado mental que convive con esta condición?, así como la pirovasia o la cama de clavos en la meditación.

Cuando la mente descubre el cuerpo y se abren al alma, la consecuencia será seguro una respuesta existencial, claro que, ¿Quién tiene un fuego prendido donde pisar, a cualquier hora y en cualquier lugar?.

Al margen de todo y en función de lo mismo, la simplificación será una respuesta, después de reposar sobre mi propia cama de clavos.

Cuando resolver algo de pronto pierde fuerza, puede haberse resuelto, puede perder importancia su resolución, o en algún caso queda subsumido a una interpretación de la vida, donde solo esta, la vida, cobra vital importancia, y cualquier consideración que no tenga su visceralidad carece de inmediata resolución, su fuerza se desvanece y aquello se vuelca al cristal de nuestra alma, que contempla perpleja el milagro más perfecto.

Andar responsable

Segunda parte

Era difícil la respuesta, porque era difícil la pregunta.

Buscando las olas sobre la superficie no en fondo del mar, los clavos ya no pinchan, las brasas ya no queman. El dolor encontró un sentido, el sufrimiento se transformó, la esencia se deja ver como el sol a mitad del día.

El laberinto pierde sentido una vez resuelto pero no termina ahí, otro rumbo espera. Puede que hayamos aprendido a tomar el camino adecuado, eso nos transfiere la responsabilidad de caminar siendo dueños de nuestros zapatos. Celebro un andar responsable, que dignifique nuestra vida y nuestra memoria.

Enloquecí

Enloquecí,

no sé tu nombre, si se quien sos,

no sé a dónde te has ido después,

perdidos en la multitud o,

detrás de una sombra escondidos,

fue un eclipse tu mirada,

de luna, de sol, de Venus, de vos,

lo observé imprudente sin protección,

calado para no olvidar, me quemó.

Enloquecí de vos sin precedentes,

convicción y alegría, equilibrio perfecto,

tu sonrisa relajada, con gusto a sentido,

tu mirada potente, que mantuve sin piedad,

tu figura blandía las curvas del viento,

se presentaron, tu alma y la mía primero,

destino, posibles y sin sentidos, también.

Para que entiendan los demás,

me fui sin saber tu nombre,

sabiendo perfectamente quién sos,

porque en mí, te imprimiste a fuego,

por qué conmigo, traje un pedazo de vos.

Los riesgos son altos, hablando de amores,

si los callamos, lo son más altos aún,

nos fuimos y te esperé,

no sé si saliste a buscarme,

te di lo que soy en pocos instantes,

me diste coraje locura y pasión,

negro el cuatro, honestamente,

en amantes, nos convirtió.

Tormenta

Cuando viene el destino
en forma de tormenta,
moja, ahoga, destruye... arrasa,
luego deja tiempo de esperanza.

Las tormentas se arman,
se muestran, se avecinan,
se precipitan antes de mojar,
por sorpresa,
por sorpresa,
jamás nos tomarán.

Hay un cielo que suena,
hay un espacio que brilla,
resplandecen los ruidos,
a la sombra de un árbol
que cruje y se deshoja,
veo volar los pájaros
aturdidos, y un puñado
de hormigas acarrean
en pedazos, su destino.

El aire se espesa, el viento

lo golpea y lo deja quebrado,

la tierra reseca disfruta

el reflejo de la sombras,

el río nos cuenta la lluvia

en forma de escueta crecida,

un rayo de sol se despide

en grises cálidos matices.

El silencio, la calma, entenderlo,

el tiempo ha pasado,

la humedad de nuestra desnudez

será la luz que brotará,

de rodillas veo mi reflejo

en charcos de pasado,

el resto del cuerpo entregado,

se prepara para el salto.

Era un desierto verde,

era una pradera hiper pastada,

árboles dispersos, con sombras irregulares,

había un lago que mantenía

con vida aquel sueño,

un alma se despedía,

otra, expectante nació.

Y la tormenta se vuelve,

un regalo inminente,

que todos temen desatar.

Que yo, temo desatar.

Silencio

Silencio que me impacienta,

silencio que me provoca,

silencio que no paras de hablar,

silencio que me hace pensar,

silencio que se transforma en diálogo;

quizás es el silencio

el que me dejó al descubierto

al no poder ocultarme

detrás de mil palabras ...

silencio que rompo de hecho

y comienzo otro de nuevo,

porque aunque hable,

muchas cosas siempre,

dejo en el silencio.

Perduró

Sostuvimos la mirada
al menos siete segundos,
que duran muchos recuerdos,
la traigo a mi mente deseando,
definitivamente volver a hacerlo.

Fue más que un puñado de tiempo
quieto estático y silencioso,
sin pestañeos mediante,
perder un instante en párpados,
un instante irrecuperable.

Había por coincidencia o destino,

siete metros de distancia,

entre tu alma y la mía,

que se veían sin mediar palabra,

hablando de todo y poesía.

Después te fuiste en otros ojos,

quedaron los míos ciegos sin vos,

sin suerte empecé a buscarte

sin suerte esperé paciente,

empecé a escribirte, y te encontré.

Reír

Creí que no lloraba,

creí, que no lloraba,

supuse que llorar era,

la lágrima que se derrama.

Más de un mar de ellas

del cuerpo se me escapaban,

me empapaban de emoción,

no sabía que lloraba.

Por que uno no se alimenta

solo del trigo y la tierra,

por que uno no bebe

solo agua de las vertientes,

no se lloran solo lágrimas,

no sabía, que lloraba.

Disfrutaba mi rudeza
ignorante coloso,
premiado y condenado
por un colectivo morboso,
tan bella armadura vestía,
tan bella armadura sufría,
no se lloran solo lágrimas,
no sabía que lloraba.

Liviano iba por la vida
creyendo que no lloraba,
liviano iba el caballero
por todo lo que lloraba.

Fue una hermosa ironía
la humedad que no creía,
pues al mirar mi óxido añoso,
entendí que lloré,
lloré, toda la vida.

Gracias

Me tocaste algún costado,
un lado o quizás mi todo,
llegaste en el momento
que abría, otra vez los ojos.

Sentí tus brazos primero,
que me abrazaban el alma,
decías en pocas palabras,
decías con cada palabra.

Espejo de tenues luces,
hechicera de trucos malos,
acumuladora de sonrisas,
taquillera sin escenario.

Atrevida por sincera,
retraída en el silencio,
mariposa que vuela libre,
en un jardín de versos.

Y aquí quedas con vida,
así te disfruto sonriendo,
de mis deseos eres parte hoy,
tus brazos, atrapando mi cuerpo.

Camino

Terminado me creí
al final comencé,
todo vuelve a empezar
pasó otro tren, no dude.

Un sin fin de hechos
aleatorios, fortuitos
de origen desconocido
futuro también,
de manera vertiginosa
uno a uno han de ocurrir,
sin probabilidad probable
todo ha de suceder.

Cada vez más adentro

aún más dentro de mi,

en el éter de mi alma

nace y queda suspendida,

la hermosa sensación

de haberlo conseguido.

Sensación gloriosa

estímulo de continuidad,

si alguien ha de volver

para seguir lo que empecé,

que solo, deba terminar.

Propios reflejos

¿Cuántos espejos
nos tapan el sol,
cuantos reflejos
nos obnubilan?

¿En cuantos fuegos
nos dejamos quemar,
cuantas ampollas
nos han de enseñar?

El agua del lago,
no nos refleja,
esperando la brisa
que aclare la vista,

que aquel del espejo
también, sea uno mismo.

Andando

Latiendo de prisa el corazón, ¿entorpece el pensamiento o la sangre fluye aclarando ideas?, quizás dependa de cada uno como el resto de todo.

¿Alcanzará la vida para responder tal vez una sola pregunta?, lleva tanto tiempo armarlas que la respuestas se vuelven utopías o la realidad una locura.

Llegando al final no quedan retomes, no quedan salidas, el sendero es de única mano, solo dos zapatos ocupan su ancho y el destino destella como gasolinera con el tanque agotado.

¿Cuánto puede un hombre dudar de si mismo sin ser llamado por su alma?

Brisa Gualda

Era una apuesta sin valores,
riesgo de difícil recompensa,
un montón de oportunidades,
una pregunta sin respuesta.

Un apasionado halo dorado,
fue el lazo que me ato al sueño,
donde todos los colores puros,
viraron hacia un carmesí intenso.

De golpe y por fortuna maula,
en la habitación de los desafíos,
furtiva te hiciste un espacio,
en un embarque sin naufragios.

A navegar un océano profundo
"Leven anclas capitán, con prisa"
riendo, enemiga de la soledad,
sopla gualda y furiosa la briza.

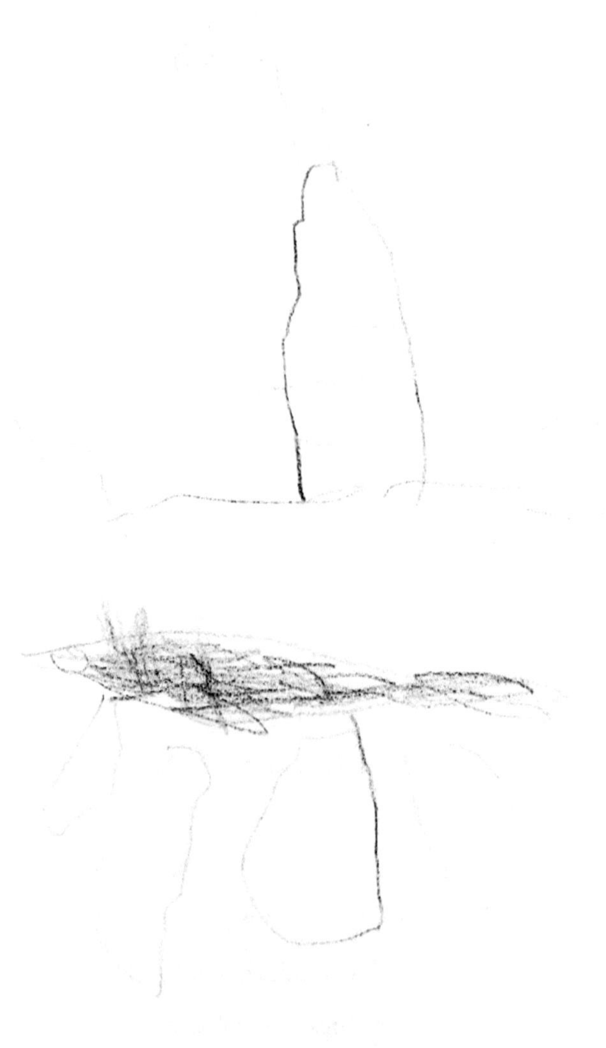

La entrega

Apareces, lo ocupas todo,

alejas los vacíos

creas un inexplicable,

sugerís una locura,

te transformas en sanidad,

pretendes mi vida

es que ya te pertenece,

retas mi razón

sensibilizas las emociones,

juntas las ganas de vivir

con la trascendencia,

una combinación perfecta

un sol que calienta

sin quemar, que entibia.

La conciencia tiembla,

confronta la duda absoluta,

en un andar sin turbulencias

el cielo azul aparece

transformado en verdad,

los ojos del alma

viven un shock de luz,

el ejercicio aumenta

la tolerancia y

baja las ansias de volar,

para seguir aprendiendo,

una vez más.

De pronto

golpeas mi vuelo,

más seguido que antes

se agita mi interior,

la lluvia de esperanza

moja los labios de felicidad.

Todo llega,

en cada parte tuya

nos hiciste carne,

para volver a vos,

me acerco un paso más.

Las vibraciones varían,

alguna interfiere,

vuelves a esconderte,

la búsqueda comienza

otra vez,

ya se donde buscarte

ya no te escondes igual,

la Entrega.

Duda tan cierta

Como el viento es
para las olas del mar,
quizás el encierro
lo sea para la libertad,

quizás sea así
vivir sufrir,
quizás nos se gana
sino lo perdido,
quizás la duda
es la luna de mis noches
y mi certeza,
el árbol de mis verdades,

quizás la conciencia

se pierda de a ratos,

haciendo su dieta

alimentando inocencia,

quizás la ciencia

no sea tan cierta,

desconfiar de uno mismo

sea lo cierto.

En un mundo de locos,

¿Manda el más cuerdo?

Elegir

Disfrutar ser
una sola vez,

en un millón de opciones
una sola realidad,

de buscar la verdad
en más de un lugar,

de ir y volver
de nuevo a empezar,

siempre más cerca
hasta llegar,

el placer de existir.

Reírte de mí

Tenemos los sentidos
que usamos,
por eso existen tantos
sordos que escuchan
y ciegos que no usan lentes;

para reírte de mí
tengo derecho a pedirte
que primero, lo hagas de ti.

Liviano

Furioso de sentimientos,

incauto de emociones,

navego sin dirección,

mientras sea capitán

y conozca todos los cursos,

eruditos conocedor de la vida

me alejo más del puerto.

Contemplando las estrellas

entiendo mi camino,

el astro del día

calienta mi pasos,

el viento sopla

para mantenerme vivo.

¿Floto liviano o
el peso de la duda me hunde
en el océano de lo absurdo?

La verdad suele parecerse
al canto de un pájaro,
parece fácil de copiar
de encontrar,
al principio de la búsqueda
usualmente se me vuela.

Si soy pacientes
volverá al mismo bosque,
en la cima de una copa
pueda conocer,
su Voz.

Felicidad

Diluido por la realidad
el mar que cubre todo,
se retira de las orillas.

Se advierte desde la colina
la espuma que se desvanece,
la bruma que se disipa.

La arena comienza a quemar
y de nuevo la realidad,
parece dejarnos.

¿Qué será eso que nos dura tan poco?

Que no intenta quedarse

que se muestra para desaparecer,

que nos mantiene vivos,

que nos mantiene buscando

el momento donde,

cambia la marea.

Parecía, realidad.

Llegamos eras una más,

parecía,

un año más sin novedades,

parecía,

el pelo enrulado como siempre,

parecía ...

Nos enseñaste,

que lejos puede estar

lo que parece y la realidad.

¿Será tu humildad

o el humo de un cigarrillo,

qué esconde el semblante

de una guerrera?.

Quien lucha contra el enemigo

sin más armas que valor,

merece más que respeto,

quien además vence

sin entibiar el pulso,

más que admiración.

65

Soy testigo de tus batallas,
todas ellas que "la vida" libró,
en tus hombros yace el peso,
la recompensa también.

Ganaste todos tus días,
mereces cada uno de ellos,
el sufrimiento lo volviste libro,
que colma de sabiduría
tu leyenda personal.

Vive a diario toda la vida, tu sonrisa

Pequeño se vuelve
el mundo cuando tu sonrisa
acapara la atención de todos,
e infinito el placer
de verte hacerlo.

Luego llegará el llanto,
todos seguirán ahí
dándote tranquilidad,
esperando una y otra vez
tu sonrisa asomar.

Así, será la vida.

Sé lo que quieras ser,

elige el vestido que usarás

en cada momento de esta fiesta,

sueña, desafía y siente,

con tu mente siempre despierta,

escucha, perdona, y acepta

con tus pies sobre la tierra.

Lucha por tus ideales,

conquista tus bosques

y tus desiertos,

las piedras en el camino

son también sanos descansos.

Devuélvele al mundo,

lo que Él, ya te dio.

Habrá lagos, ríos y mares,

que el océano sea tu corazón,

habrá sierras, montes y llanos,

que las montañas sean tu ser.

Sé, Él ya te lo dio.

Ama a tus padres,

aprende de sus enojos

pues ya vivieron sus errores,

enojate, discute y protesta,

luego siente,

y al final siempre,

devuelveles esa sonrisa.

Cuídalos hasta el recuerdo,

pues su amor,

eres Tu.

Lograr

Con una sonrisa

tantas cosas,

con el movimiento

de los labios

tan suaves,

con la expresión

tan lejos,

sin una palabra

cuantas cosas...

Fin, todo final
tiene un principio

Hay momentos en que escribir parece,
inoportuno ó desacertado,
quizás osado, en fin.

Mientras las cenizas hacían piso
y la sangre seguía hirviendo,
los versos brotaban como gotas de viento,
que aumentaban la excitación.

Alguna vez,
al mejor caminante le toca desafiar su destino,
hasta al más convencido le toca oponerse al camino.
¿Qué Dios no disfruta enseñar?
golpearse, es parte de andar.

Me volví atrevido,

mi costo son caídas que hoy levanté,

mi ganancia la experiencia

que de ningún modo olvidaré.

Un momento antes, un momento después, aprendo,

la vida me da otra oportunidad,

si de sombra se viste,

sabré también de felicidad.

Estaba solo razonando

de espaldas al mundo,

creando rutas, inventando futuros,

entregando mi alma a su necesidad de volar.

La mejor palabra

al terminar la conquista,

fue perdón, sin dudar,

y con ella todo quedó entendido.

Así seguí el camino que dejé de lado
y se quedó conmigo, un momento después,
¿cuánto más puede costar volver a empezar?

El tesoro finito que se va con las horas,
nos pasa factura acercando el final,
y solo un instante, que buscamos toda la vida,
nos mantiene intranquilos, agitando el alma,
madrugando las ganas, despertando sentidos,
encontrando tesoros.

Cuantas preguntas de día y de noche,
cuántas respuesta he de encontrar,
por qué dudar nos hace persona,
por qué saber nos vuelve ignorantes,
por qué encontrarnos nos mantiene perdidos,
por qué atento me olvido del miedo,
por qué la muerte nos aleja del frío.

Me corrí de la sombra

un rato para ver la luz,

pude cerrar los ojos

y negar los colores,

esta vez elegí, dejarme llevar.

La experiencia en el tanque

combustible que aumenta,

acompañante que enseña,

a fuerza de amor y pena,

contempla amorosa,

nuestro andar,

de principio,

...a final.

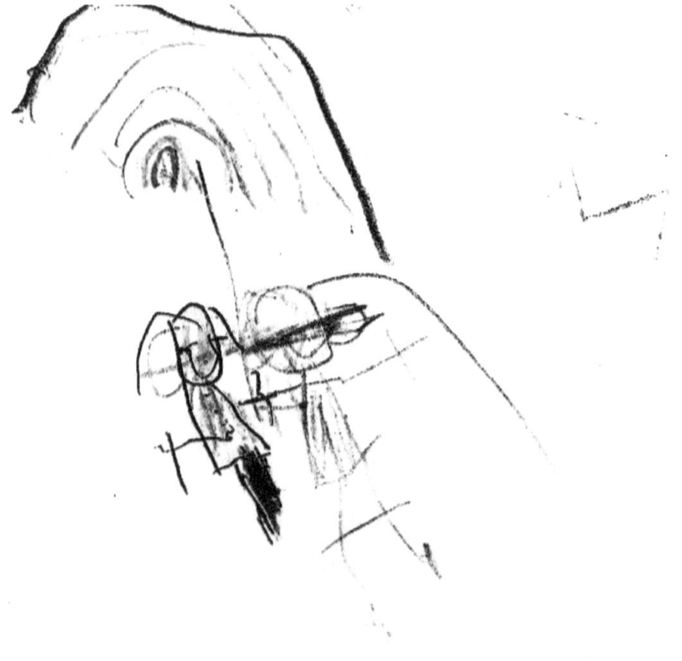

Abrazo

Sin tiempo ni espacio te ibas formando,
amanecías con el deseo de lograrte,
o quizás con la necesidad de tenerte,
tal vez, mucho antes de conseguirte.

Te ibas nutriendo de tantos detalles,
que al momento de darte eras eterno,
había ganas, llantos, tristezas,
montañas de dudas y tantas certezas.

Terminabas en un bello milagro,
enriqueciendo dos almas con tu entrega,
dejando a cada lado de tu paso,
un poco del otro, sentido abrazo.

Recordarla

Era muy interesante,
o lo era solo para mí,
su forma incomprensible,
blandía las sombras,
alejando así la luz,
se aferraba en palabras,
a un silencio de ataúd.

La historia impregnada,
en la soledad de sus ojos
en su rostro inmutable,
sus brazos casi abiertos,
en la sonrisa que rebasa
sus labios , su rostro,
su intención de agradar.

Buscado el sin sentido,

que me devuelva el cómo,

las alma que encajan,

perfectas, siamesas,

se vuelven abyectas,

tristes, complejas,

sin desafiar la marea.

Cuando en un momento,

se distrae por convencida,

el ángel que siempre vigila,

retoma aquel sueño,

sacude los polvos de la tumba,

la deja brillar, y ella lo sabe,

se mira, nos mira, luz para dar.

Era una forma de recordarla,

mirar con mis ojos,

a través de los suyos,

sus lugares, su historia,

repetir la mirada.

Recuerdo

Tenía por delante,
más que la eternidad,
tenía en su historia,
montones de vidas.

Un instante,
lo comprende todo,
y él los vivía,
uno a uno, disfrutando.

Perpetrados en el firmamento,
ungidos a fuego,
cada noche lucen inmortales,
destellos de recuerdos.

81

Vivo, caliente,

un volcán que erupciona,

una lágrima hace roca,

ceniza que fertiliza.

Mezcla de una sola pieza,

entero, coherente,

de otras huellas errante,

creador de caminos.

Vivir

Tan solo
es ese momento,
luego desaparece
antes de recordarse,
como una llama de fuego,
que calienta, quema y se va.

El aire parecía cómplice,
el tiempo traidor y también,
andaba más lento,
contemplándolo todo.

Parecía de pronto,
sus lágrimas sonando,
como que a él mismo,
tiempo,
le doliese pasar.

Era luz,

era,

toda la luz,

en el recuerdo imperfecto,

enceguece mi piel,

hasta erizarla y después,

volverse gota tal vez.

En el aire esa energía,

en el aire ese placer,

en el aire y en mi corazón,

vos una y otra vez.

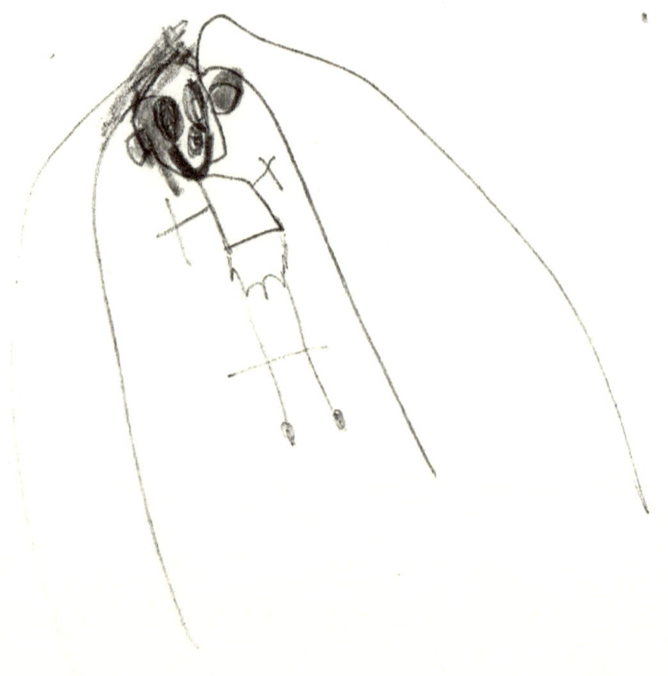

Viviendo

Estábamos ella y yo,
concentrados distraídos,
pervirtiendo al tiempo,
que buscaba compañía,
de a ratos lo soplábamos desafiantes,
otras, suplicábamos de agonía.

Sentados en un descanso sin barnices,
mirando un fondo sin final,
volviendo la respiración un ejercicio,
haciendo del silencio un lenguaje,
donde vivir se volvió oficio,
y los sentimientos arte.

Siempre me devolvía una sonrisa,
esa sonrisa que se gesta lentamente,
una parte en el cuerpo, otra en el aire,
acompañada del silencio que enseña,
de la paciencia de los dioses,
rompe con la fuerza de una tormenta.

En el momento que parte de mi nacía,

apareció frente a mí sin más nada que ella misma,

pidió algo que no hacía falta pedir,

le di aquello que necesitaba dar,

nos quedamos mirando más allá de la hora,

el destino nos puso a caminar.

Hay rayos que caen frente a la puerta,

y hacen sombras en las espaldas,

hay gotas que ganan al hastío,

otras forman charcos de ruidos,

hay vientos que traen calma,

brisas, que tuercen caminos.

Ella, aquella del comienzo,

que jamás me soltó la mano,

seguía en ese banco, paciente,

yo me perdía, y otra vez regresaba,

en el ajedrez de los días, quizás,

la reina en el tablero este apresada.

Explotó un globo de ilusión,

añicos de esperanza desparramados,

el brillo de aquella promesa,

fue el claro reflejo en un negro vacío,

cuando las estrellas se apagan en silencio,

la luna que ríe, disfraza su olvido.

Aparentaba un somnilocuo sin tiempo,

¿con qué color de ojos se ve la realidad?,

tú ceguera era la muestra perfecta,

que observar todo podías,

el barniz de aquel descanso,

teñía mi centro y vos, mi vida.

Viejo

Tus hombros,

inalterables,

en la soledad tal vez,

se encorven un tanto,

cuéntame el secreto.

El tiempo y el paso,

erguidos,

con un andar austero

intrínseco a vos,

me enseñaste a poder.

Regando tu entorno,

con altruismo,

ser sincero y humilde,

te costó miserias,

sobreponerse.

Tus huellas profundas,

de altivez y tesón,

con fuerza empujas,

con fuerza y sudor,

ejemplo en movimiento.

Arisco de lágrimas,

de mares secretos,

luz de pleno sol,

tu sonrisa te enaltece,

sonrisas que contagian.

Disfrutarte es regalo,

e incluso sabiéndolo,

de modestia te vistes,

de grandeza y valor.

Te has vuelto eterno.

PROFUNDO · El escondite perfecto

Un canto en la sonrisa

Un canto en la sonrisa,
como señal de triunfo,
hace sombra al silencio,
perfuma un parque sin flor.

Tiene la vida escondida,
un trato, un vuelo de ida,
de la historia y sus días,
de los porqué, y las heridas.

Gris, un cielo pesado,
la llovizna, la humedad,
el néctar aún persistía,
en pimpollos por explotar

Esa fue la esperanza,
del tiempo y la tormenta,
en el nido el ave y el pichón
la primavera contemplan.

...Tus pies, la arena...

Suave viento oeste,

hace frente a las olas,

que llegan a vos

como pidiendo perdón.

Nubes cautas surcan el cielo,

cuidado tu piel se burlan del sol,

tus ojos brillan reflejan la marea,

el mar, los deseos, un pescador,

tu inocencia feliz.

La arena replica,

tus piecitos por estrenar,

como desafiando el tiempo,

los borra y vuelve a grabar.

Caracoles y almejas,

alfombran la orilla,

el muelle y las olas,

el horizonte después.

Queda nada por ver,

cuando tomando coraje,

das un paso mar adentro,

y el agua te moja aun más.

Tus manos imitan el vuelo de un ave,

tus labios se ensanchan más y más,

tu boca el puerto de arena húmeda,

que exagera tu sonrisa,

perpetuando la imagen,

en nuestra memoria inagotable.

Como el relieve de un caracol,

que nace y muere con él,

cada momento amor,

nace y queda en el aire.

Una niña siempre,

en la orilla del mar,

gateará, entre nuestros pies.

Permítete

Esos silencios con silencios,

son agua que corre en el río,

la certeza que aunque cayes,

siempre lo están diciendo.

Parecía una trampa que vos misma tendiste,

la armabas en silencio ya la conocías,

la luz tiene sombra y la sombra un reflejo,

¿Porque tenías tanto miedo a ser querida?

Sagrado

¿Cuánto hace que son amigos?

soltó al aire mirándome a los ojos,

que entraron en trance en ese momento,

y en algún lugar del pasado, hurgué los recuerdos.

Se dispararon mil respuestas,

corazón y cabeza en guerra de egos,

me miró de nuevo esperando,

quedé callado lo necesario,

la respuesta ameritaba un marco de silencio apropiado.

El tiempo en días, en horas, en años,

la amistad es de momentos,

aparece una fecha primera,

contestando y dejando un vacío,

por la tristeza del tiempo anterior

sin tenernos en un abrazo,

y la alegría inconmensurable

de saber que un minuto juntos,

queda grabado para siempre.

La amistad es el diamante,

no tiene sexo, no tiene espacio,

se mide por profunda, por momentos,

se siente, se vive, se cree, es entrega, es respeto.

Nació la humanidad y nació ella,

necesaria para vivir, hermosa,

te completa, te tolera, te corrige,

un amigo, es tú verdad en su boca.

Cerré los ojos y agradecí tenerte,

volví a abrazarnos,

a perdernos en una sonrisa o en un llanto,

tú amistad, el mejor regalo.

¿Importa?, le respondí,

si hoy me falta, extraño.

si hoy me encuentra, me alegro.

es toda la vida, desde algún momento.

Travesía

En la comisura de tus labios,

la orquesta de tu sonrisa,

recitaba su melodía mejor,

tras el gris de aquel renglón,

que humedece, lo que seca el sol.

Clara, sintiendo la vida,

las sombras se iban y apareciste,

con tu espíritu cristalino,

unos versos de aquella carta,

le dejaste al viento, y al olvido.

Te observé, sorprendido,

en algún día de aquella noche,

sentado en un banco desteñido,

mis latidos inadvertidos,

hacían eco, en brazos vacíos.

Casi por un descuido,

al final, te diste vuelta,

me miraste, te miraba,

me abrazaste, para siempre.

PROFUNDO · El escondite perfecto

Transparencia

Hay vueltas sin retorno,
el sufrimiento por descifrar,
hay amores que congelan,
que siempre vuelven a quemar.

En lo simple los momentos,
tres amigos, un presente,
la rueda vida va girando,
empujando al que se quede.

Te caías de la luna,
de noche para pintar el sol
¿quién pintaba la luna?
¿quién jugaba bajo el sol?

Eras un río buscando su cauce,
su turbulencia y su constancia,
su tarde temprana de llantos y risas,
la piedra donde enseñar, tu claridad.

Tiempos

Terror por la indiferencia qué,

aglutinada por nefasta,

era moneda corriente,

en las finanzas de mi contexto.

Sueños, deseos, amor propio,

eran el blanco en contraste,

con aquel opaco gris.

De pronto, quizás por distraído,

el golpe de la percepción con la desilusión,

vi, oí, sentí al eco de mi pensamiento,

mi intención multiplicada,

las ganas expandirse sin fronteras,

el futuro en el presente.

De pronto,

fue sorpresa, fue regalo,

claro, sin matices,

fuerte sin fracturas,

erguida sin ninguna duda.

Habló y enmudecí,

lloré ...

nos tomamos de la mano

sin que supiera que yo estaba,

nos fuimos caminando juntos.

Sufrir

La responsabilidad del silencio,

se paga con silencio,

la culpa se paga con olvidó.

Quien cobra consecuencias,

recibe por sus actos,

quien sufre y entristece,

se ahoga en su silencio.

Olvido que amenaza

con ver apagar el fuego,

hay brasas que no apagan

hay brasas que no apagan.

Triste compungido

se retuerce el ideal.

Su Punto de vista

La poesía tiene música,

vos eras el mejor jazz,

tu cuerpo de lejos se oía,

tu alma, junto a la mía.

Es tu pausa forzada,

reacción para escuchar,

la que me genera paciencia.

Es el paso vivo,

que llevas al caminar,

el que me regala paisajes.

Es tu código perfecto,

que repasas en toda frase,

la razón de la tragedia.

Simple

Amarte,

es amar al mundo.

El murmullo de los bosques,

los rayos y el árbol,

la miel del cardo silvestre,

la flor que sabe a hiel.

La democracia que reparte,

la anarquía como idea,

los feudales que acaparan,

vos reina y mi princesa.

Los lagos secos,

llenos los ríos,

el mar agitando la costa,

el desierto, las grietas, el hastío.

El matiz de los colores,

el vacío del negro,

el contraste del blanco,

el marrón de tus ojos.

Amarte

es amar al mundo.

En la irreal idea,

de que dos almas sean una,

que compartan un mismo mundo,

fuerte e impetuosa,

la energía que suelda más allá,

corre a tu lado y al mío,

brilla desquiciada en el aire.

Luego el viento que apaga el fuego,

ya no somos, tu y yo.

sin saber cuantos momentos,

ocurrieron todos,

sin saber cuántas batallas,

vencimos todas,

sin saber cuando,

pasa.

Inconscientes por condición,

sin razón sin mente,

en la chispa que ilumina el alma,

el secreto de ambos.

La vida que elegimos,

el destino, las puertas, los puentes,

el mar feliz de vernos,

el mar jugando solo.

El mismísimo big bang,

explota dentro nuestro,

arrastra no considera,

lleva más allá,

nuestra conciencia.

Es amar al mundo,

...es amarlo todo.

Rosas

Habiendo triunfado,

un invierno de hielo,

la rosa florece,

a los ojos del cielo,

se viste de belleza,

muestra su colores,

enseña sus espinas,

perfuma con su aroma.

Tal vez la rosa sufra su belleza,

tal vez prefiera abrigo en el invierno.

...hay tantas flores que quisieran ser rosas...

Perfectamente un silencio

Subo más alto que la sima,

marcho más lejos que el horizonte,

la estructura se desmorona,

sucumbo al placer de lo absurdo.

En un mundo descubierto,

no tiene lugar mi alma,

en la comarca de tus verdades,

el río de mis pensares,

se escurre entre tus muros.

Escudriño en la penumbra,

que dejan tus valores duros,

la luz que da la guerra,

entre lo escrito y mi puño.

Faccioso abnegado

conquisto verdades,

que se vuelven mentiras,

encuentro caminos,

que se derrumban andando.

Seguro de mi paso en el aire,

surco mi duda y mi asombro,

no cabe en el instinto del ave,

el vuelo como excepción.

Cuando la tormenta llega,

el viento sopla la espalda,

los momentos ya son ayer,

el camino al claro,

ya perdió su sentido,

solo queda esperar,

en qué nube partir.

En tanto las cotas de mis versos,

son otras a la de tu entendimiento,

las palabras se vuelven paraguas,

en una noche de mal tiempo.

La percepción de la realidad,

que acaba esperanzas,

con una agridulce mirada,

en la unión, de nuestras almas

Perdido

El secreto era el tiempo,
no había más espacio en el espacio,
ni recuerdos en el olvido,
era el corazón mendigo,
buscando besos
que no fueran tras el viento.

Como el gusano en el pico del pájaro,
así están las lágrimas,
en la boca de mis ojos,
todo es humedad,
en estos días de sequía.

Desfibrilo mi esperanza,
oxígeno el presente,
sanando algún pasado esclavo,
lucha de demonios,
pocos ángeles a mi lado.

Que desprolijo está todo,

un desorden tan atroz,

en el remolino de los días,

vos, vos y vos, y ningún yo.

Cruces diseñadas

a la medida de cada hombre,

en la parada de los castigos

se carga sin piedad

el tirante de dios,

En la parada de los milagros...

en la parada de los milagros,

suenan otros hombres,

no logro oír mi voz.

Natural

Contra el suelo mi cero,

mi noventa enraizado,

sostiene mis sueños,

del infierno me entibia,

de fuego o de frío.

Contemplo,

la cultura inalterable,

de mi madre,

nuestra madre,

que responde los porque,

igual de fácil, que los como.

Nacimos hijos pensantes,

razonamos nos decimos,

como sobra variedad,

calidad le asignamos,

cada cual con su tablita,

juzgando la vida va.

Cerca a la trampa,

por poco me caigo,

sigo camino sentado,

mi horizonte la cultura,

de aire la nube,

la naturaleza envuelve.

Inconscientes creadores,

conciencia de autopista,

gana el tiempo la carrera,

en casi todas las pistas,

se detiene en mi retina,

juntos gozamos, sin parar.

Matiza cada pintor

su paleta de colores,

pintan en mi presente,

un mundo con intenciones,

yo sin poder escaparme del todo,

pregunto sin paleta sin colores,

¿podré hacerlo de otro modo?

...me respondo.

Me dejé encontrar

Estaba retirado,
me llamaste, me buscaste,
estaba viendo por primera vez,
aquel álbum donde todo es niñez,
de una hoja me arrancaste,
entre gritos dulces y tirones.

Una música de una década que,
jamás se va a oxidar,
hizo una pausa solo,
para que me pudieras buscar,
me extrañaba aquel eco,
eran tus pasos atrevidos,
cambiando acordes sin sentido.

Y nos pusimos frente a frente,

o nos pusiste, por honestidad,

el equilibrio de tus colores,

un aura por descifrar,

fue borrando mi suelo,

tus ojos, tus labios,

fulgente el infierno.

Me presentaste a mí mismo,

también por sinceridad,

eras todo y nada,

entre pestañear y pestañear,

podía sentir el frío,

que quemaba aquel momento

dónde fuimos, casi un cuento.

Luces y sombras

Se nubla la claridad,

el sol se oculta brillando,

la silueta y su tela,

asustan todo a tú lado.

La poca luz que perdura,

se esconde para no ver,

es una prueba de fe,

saber que soy, sin poder ser.

Un relámpago cae,

precisó pero lástima,

ilumina y quema, después,

deja el tendal, el renacer.

El sol vuelve a asomar,

y vuelvo a aprender,

cuando la oscuridad

comienza a crecer,

su recuerdo y al final,

luz para volver.

Inspiradora

Tambaleando,

ansiosa y descortés,

seguías un ritmo,

difícil de seguir.

Eras un ejemplo

de lo que no está escrito,

lejos de consejos,

de recuerdos viejos.

Fuiste un santo en desuso,

el sostén faltando al techo,

un tigre sin su presa,

olvidado un niño.

Controvertida por ausente,

inspiradora por vos misma,

miles de caras, amistad,

hoy volvemos a brindar.

Eras braza ardiendo,

debajo de la ceniza

que deja la nieve,

esperando,

otra vez quemar.

Torbellino

Fue un torbellino,
una bocanada de aire,
que atravesó mi alma,
desarmando mi historia.

Pequé por querer recordar,
por vivir el hoy del ayer,
todo se inundó por completo,
el naufragio, el bote y el perdón.

Ruidos extraños, raspones,
crujidos que nublaron la visión,
un parpadear longevo,
la sensación de que terminó.

Nace otra oportunidad,
la vida da, si tú le has dado,
la tormenta comienza a disipar,
el claro que parecía olvidado.

La gimnasia del recuerdo,
que juega con el olvido,
vive mil veces su pasado,
disfrutando que sucedió.

En un abrazo queda atrapado,
en el aire alegre se desvanece,
eterno sin espacio,
humano, con valor a vos.

Agradecimientos

Agradezco a todas las *musas* que forman parte de esta historia, algunas cargan orgullosas sus palabras, sin ellas no existiría esta oportunidad de compartir.

Agradezco a Marcelo, pilar fundamental de este proyecto, la prueba que los sueños son decisiones.

Agradezco a la vida la oportunidad de poder compartir. Y cuando digo "vida" digo: la cantidad incalculable de almas, de guerreros de luz que forman parte de las letras, de los signos, de los títulos, de los espacios y de las ganas de compartir.

Especialmente agradezco a las personas que han sido las encargadas de darle a mi corazón la oportunidad de vivir, la chance de arriesgarse, de aprender. Aquellas, que han propiciando el movimiento espontáneo de mi espíritu, que cobijaron mi valentía como un regalo y mi amor como un tesoro.